FAMILY

FAMÍLIA

FAMILY TREE

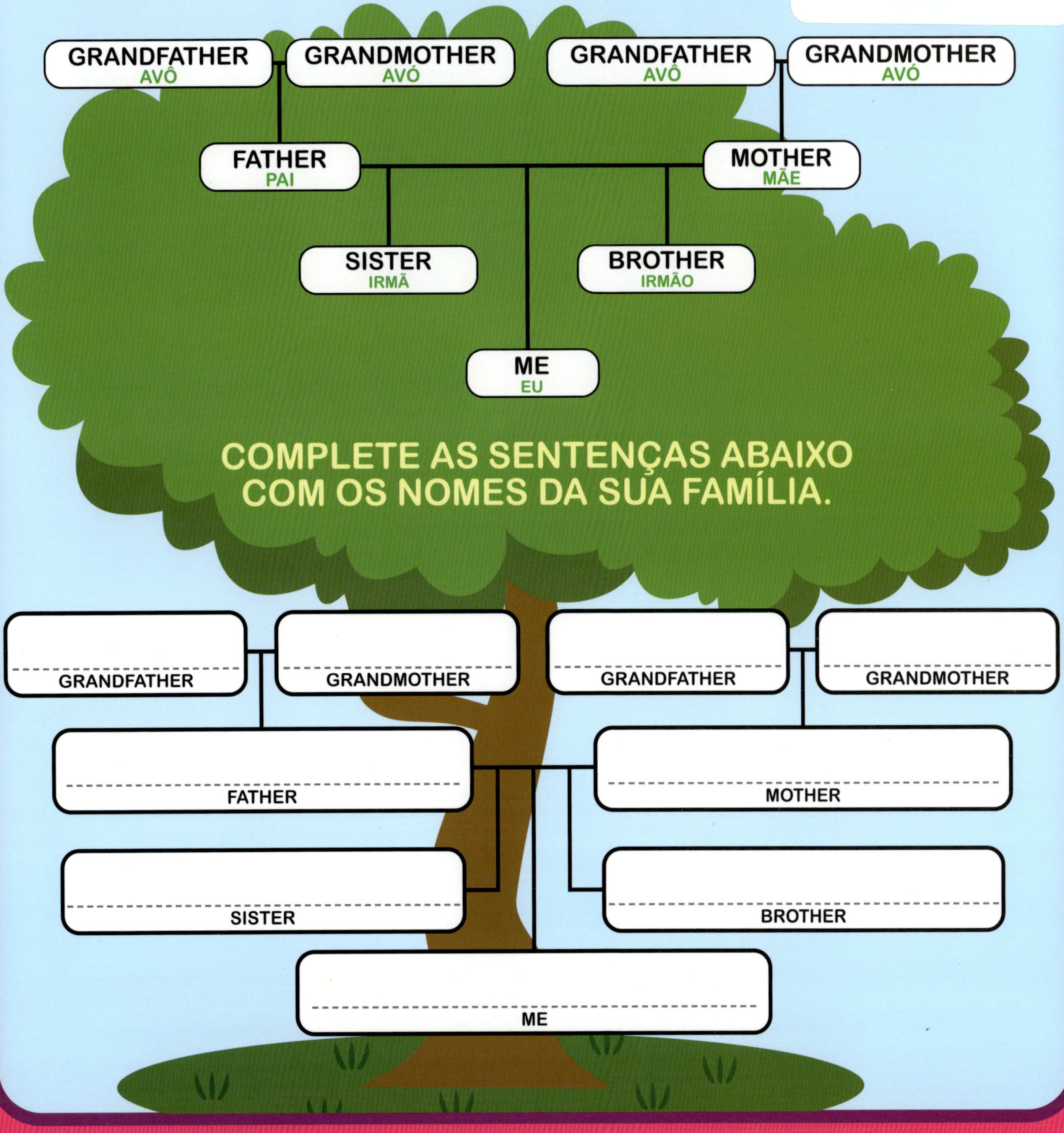

FRUITS

FRUTAS

BLACKBERRY
AMORA

STRAWBERRY
MORANGO

CHERRY
CEREJA

LEMON
LIMÃO

PEACH
PÊSSEGO

KIWI
KIWI

ORANGE
LARANJA

APPLE
MAÇÃ

PEAR
PERA

GUAVA
GOIABA

GRAPE
UVA

AVOCADO
ABACATE

PINEAPPLE
ABACAXI

PAPAYA
MAMÃO

WATERMELON
MELANCIA

MELON
MELÃO

BANANA
BANANA

ESCREVA ABAIXO AS FRUTAS QUE VOCÊ MAIS GOSTA:

PETS

ANIMAIS DE ESTIMAÇÃO

ENCONTRE OS ANIMAIS NO CAÇA-PALAVRAS:

DOG
CACHORRO

CAT
GATO

RABBIT
COELHO

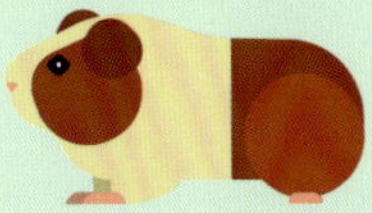

GUINEA PIG
PORQUINHO-DA-ÍNDIA

TURTLE
TARTARUGA

FISH
PEIXE

HAMSTER
HAMSTER

PARAKEET
PERIQUITO

IGUANA
IGUANA

CANARY
CANÁRIO

FERRET
FURÃO

```
A U L G L T A E T T C E A K C B L T U R T L E N I G U W T A
P A P A G L E I L O F I B J N T E C W I O I E W O L I A L E
B R B L I P A R A K E E T O M N O A N T M B R A B L E P N O
I R A W E L R L I R E L I G U A E Z E O R A C A N A R Y L R
T A R P A R A K A U A N T O M F L E A T U R O I F D T U R A
A B L O Y G N P I G U P A J A M O Z G O G L E D N O C A G N
K B C X C A T X G W O X K J N O G H O D O C A Y F G E C G B
R I N P U B A N U G S N R T A X U I G L G N W D A P E O B A
R T I A Z T E A A R P A R J L S Z B P A R I M A X A C L T E
U I L N C A G X N Y A G U I N E A P I G A L O D F N E U A G
S A X F G U N T A P K T A R O F G N A B P X E O I F I H U N
C I B M A O W A S L A W C O C K A T I E L B C L S M E I O A
A F I S I T S X T S P X A E L J I N F I S L E C H I S A T T
N X N A O L E P L M L P N Z C A O A X E M N E D P A P U L E
Y R E T E G A X G T M X Y J E F E R R E T E C T J T E R G A
R Y H A M S T E R H O R R E B R A W Y E H A H A M X T E R N
```

FOUR SEASONS

QUATRO ESTAÇÕES

AJUDE A MENINA A ATRAVESSAR O LABIRINTO PARA DESCOBRIR QUAL A ESTAÇÃO PREFERIDA DELA.

MONTHS AND WEEKDAYS

MESES E DIAS DA SEMANA

WEEKDAYS

DIAS DA SEMANA

SUNDAY
DOMINGO

MONDAY
SEGUNDA-FEIRA

TUESDAY
TERÇA-FEIRA

WEDNESDAY
QUARTA-FEIRA

THURSDAY
QUINTA-FEIRA

FRIDAY
SEXTA-FEIRA

SATURDAY
SÁBADO

MONTHS

MESES

JANUARY
JANEIRO

FEBRUARY
FEVEREIRO

MARCH
MARÇO

APRIL
ABRIL

MAY
MAIO

JUNE
JUNHO

JULY
JULHO

AUGUST
AGOSTO

SEPTEMBER
SETEMBRO

OCTOBER
OUTUBRO

NOVEMBER
NOVEMBRO

DECEMBER
DEZEMBRO

COMPLETE DE ACORDO COM A DATA EM QUE ESTÁ RESPONDENDO:

WEEKDAY: DIA DA SEMANA

DAY: DIA

MONTH: MÊS

YEAR: ANO

SEASON: ESTAÇÃO

MY BIRTHDAY
DIA DO MEU ANIVERSÁRIO

CLOTHES

ROUPAS

JEANS
CALÇA JEANS

PANTS
CALÇA

LONG SKIRT
SAIA COMPRIDA

BERMUDA SHORTS
BERMUDA

SHORTS
SHORTS

SKIRT
SAIA

BLOUSE
BLUSA

POLO SHIRT
CAMISA POLO

T-SHIRT
CAMISA

TANK TOP
REGATA

OVERCOAT
SOBRETUDO

JACKET
JAQUETA

SWEATSHIRT
MOLETOM

SWEATER
SUÉTER

WINTER COAT
CASACO DE INVERNO

ACCESSORIES

ACESSÓRIOS

BEANIE
TOUCA

CAP
BONÉ

UMBRELLA
GUARDA-CHUVA

HAT
CHAPÉU

BACKPACK
MOCHILA

HANDBAG
BOLSA

BRA
SUTIÃ

UNDERPANTS
CUECA

PANTIES
CALCINHA

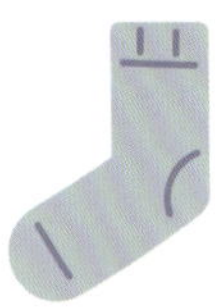

SOCKS
MEIAS

GLOVES
LUVAS

SHOE
SAPATO

HIGH HEELS
SALTO ALTO

BOOTS
BOTAS

SNEAKERS
TÊNIS

FLIP FLOP
CHINELO DE DEDO

GLASSES
ÓCULOS

SUNGLASSES
ÓCULOS DE SOL

FAÇA UMA LISTA COM AS ROUPAS QUE VOCÊ VAI LEVAR NA SUA PRÓXIMA VIAGEM.

BREAKFAST

CAFÉ DA MANHÃ

ENCONTRE OS ALIMENTOS NO CAÇA-PALAVRAS.

CROISSANT
CROISSANT

COOKIE
BISCOITO

BREAD
PÃO

CREAM CHEESE
REQUEIJÃO

YOGURT
IOGURTE

MILK
LEITE

DONUT
ROSQUINHA

SANDWICH
SANDUÍCHE

EGG
OVO

CHEESE
QUEIJO

BUTTER
MANTEIGA

B U T T L T A E T T C E A K C B L T U R T L E N I G U W T A

P A M I K L E I L O F I B J N T E C W I O I G W D L I A L E

B R B L I P A R R O C R E A M C H E E S E C R E O L E P N O

I R Y W E L Y L B R E L I E E B R E D O G A C A N A R Y L R

T A O D L Y O G U R T N T O M I L K A T G R O I U D C U R A

D O N O Y O N P T L G P A J A M E E G O G L E D T O H A E N

K B C X C G T X T O O X K J N O G H T T E R A Y F G E C G B

R I N P U B A N E G V N R G G C R E A O G M W D A P E O B A

R T I A Z T E A R R P A R J D O Z B P A R I M A X A C O T E

C O O N C A G X A Y A S A N U T R E A G G L O C F N E K A G

S A X F G U N T U P K T B R E A D N A B P X E H I F I I U N

C I B M A O W A O L A W C O O K A T I E L B C E S M E E O A

A F I S I T S X T S P X A E L J I N F I S A L E H I S A N D

S A N D W I C H L M L P N Z C A O A X E M E E S P A P U L E

Y R E T E G A X C R O I S S A N T R R I L K C E J M I L G A

R Y H A M S T E R H O R R E B R S A N D H A H A M X T N U T

LUNCH, DINNER AND SNACKS

ALMOÇO, JANTAR E LANCHES

CIRCULE 7 ALIMENTOS QUE VOCÊ MAIS GOSTA DE COMER NO CAFÉ DA MANHÃ, ALMOÇO OU JANTAR.

CAKE
BOLO

CHOCOLATE
CHOCOLATE

CANDY
DOCE

LOLLIPOP
PIRULITO

CUPCAKE
BOLINHO

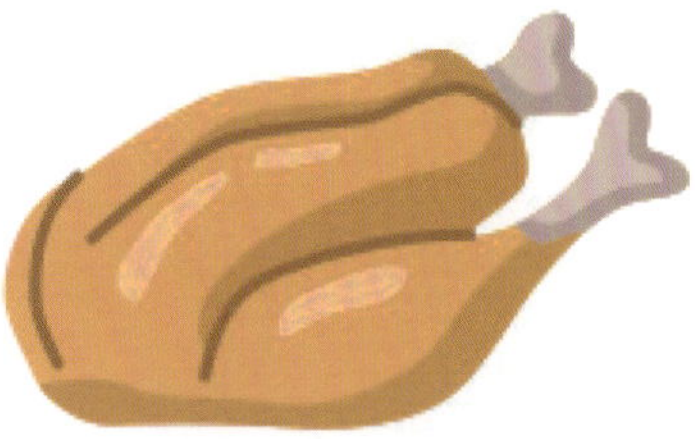

ROAST CHICKEN
FRANGO ASSADO

HAMBURGER
HAMBÚRGUER

FRENCH FRIES
BATATAS FRITAS

BACON
BACON

SODA
REFRIGERANTE

PEPPER
PIMENTA

TOMATO
TOMATE

PIZZA
PIZZA

BEET
BETERRABA

BROCCOLI
BRÓCOLIS

CARROT
CENOURA

EGGPLANT
BERINJELA

CAULIFLOWER
COUVE-FLOR

POTATO
BATATA

CORN
MILHO

PEA
ERVILHA

SAUSAGE
LINGUIÇA

TRANSPORTS

TRANSPORTES

PREENCHA COM O NÚMERO CORRESPONDENTE A CADA TRANSPORTE.

1-AIRPLANE
AVIÃO

2-HELICOPTER
HELICÓPTERO

3-BALLOON
BALÃO

4 -SCHOOL BUS
ÔNIBUS ESCOLAR

5-CAR
CARRO

6-FIRETRUCK
CAMINHÃO DE BOMBEIRO

7-AMBULANCE
AMBULÂNCIA

8-MOTORCYCLE
MOTO

9-SHIP
NAVIO

10-SUBMARINE
SUBMARINO

11-TRUCK
CAMINHÃO

12-BUS
ÔNIBUS

13-TRAIN
TREM

14-BICYCLE
BICICLETA

COLORS

CORES

LIGUE A COR COM SEU NOME EM INGLÊS.

YELLOW
WHITE
RED
ORANGE
DARK BLUE
PURPLE
DARK GREEN

ROSA
AZUL-CLARO
PRETO
VERMELHO
AZUL-ESCURO
VERDE-CLARO
TURQUESA
MARROM
AMARELO
LARANJA
VERDE-ESCURO
BRANCO
CINZA
ROXO

BROWN
LIGHT GREEN
BLACK
LIGHT BLUE
GRAY
PINK
TURQUOISE

BODY PARTS

PARTES DO CORPO

ESCREVA O NOME DAS PARTES DO CORPO.

HEAD	HAND	ARM	KNEE	BELLY	NOSE	MOUTH
CABEÇA	MÃO	BRAÇO	JOELHO	BARRIGA	NARIZ	BOCA
NECK	**FOOT**	**LEG**	**FINGER**	**SHOULDER**	**EAR**	**EYE**
PESCOÇO	PÉ	PERNA	DEDO	OMBRO	ORELHA	OLHO

OPPOSITES

OPOSTOS

LIGUE OS OPOSTOS.

Same
IGUAL

Quiet
SILÊNCIO

Clean
LIMPO

Front
FRENTE

Ask
PERGUNTA

Behind
ATRÁS

Dirty
SUJO

Answer
RESPOSTA

Different
DIFERENTE

Loud
BARULHO

MAIS ALGUNS OPOSTOS.

HIGH/LOW ALTO/BAIXO	STRONG/WEAK FORTE/FRACO	TO GO/TO COME IR/VIR	RICH/POOR RICO/POBRE
WIDE/NARROW LARGO/ESTREITO	INSIDE/OUTSIDE DENTRO/FORA	TRUE/LIE VERDADE/MENTIRA	LOVE/HATRED AMOR/ÓDIO
LONG/SHORT COMPRIDO/CURTO	HOT/COLD QUENTE/FRIO	HEAVY/LIGHT PESADO/LEVE	OPEN/CLOSE ABERTO/FECHADO
LIGHT/DARK CLARO/ESCURO	SLIM/FAT MAGRO/GORDO	NEW/OLD NOVO/VELHO	VICTORY/DEFEAT VITÓRIA/DERROTA
FAST/SLOW RÁPIDO/LENTO	FULL/EMPTY CHEIO/VAZIO	UP/DOWN ACIMA/ABAIXO	ALIVE/DEAD VIVO/MORTO
NIGHT/DAY NOITE/DIA	PULL/PUSH PUXE/EMPURRE	LEFT/RIGHT ESQUERDA/DIREITA	WAR/PEACE GUERRA/PAZ

SEA ANIMALS

ANIMAIS MARINHOS

SEAHORSE
CAVALO-MARINHO

SHARK
TUBARÃO

OCTOPUS
POLVO

DOLPHIN
GOLFINHO

WHALE
BALEIA

SEAL
FOCA

TURTLE
TARTARUGA

PENGUIN
PINGUIM

CLOWN FISH
PEIXE-PALHAÇO

CRAB
SIRI

JELLYFISH
ÁGUA-VIVA

ENCONTRE OS ANIMAIS NO CAÇA-PALAVRAS

```
T U B A G O L F A G H C T A P A X F P A B A P I M O S A F G H
A R W B J S H A P X S L U R A J F G E T A R A B J A H N I X S
R T H E N I G U U T A C S T I N G R A Y R T L E N I A U S T A
S E A L W O L I A L E F I B J N T E C W I O I E W O R I A L E
O T L R A B D E P N O M A O C T O P U S O T B R A B K E P N O
L R E C A N O R Y L R E L I K Y J E Z E O R A C A P A R Y L R
T U S A P F L T U R A S P T O M E L E A T U R T L E D T U R A
A R R A I N P C S A C L O W N I L O Z G O G L E D N O C A G N
B A L A T F H E C G B X J K J E L L H O D O C A T G B A I G B
O G N S H R I M P B A I N R T A Y I W G O G N N D U P E O B A
A R I M A X N C L T E C L O W N F I S H A R I M A I A C L T E
G A L O D F N E U A G A G U I N I A P I G A L O D N N E U A G
B P X E O I F I E U N K T A R O S G N A B P X E O I F I E U N
E L B C L S M E I O F I S C F C H A T I E L B C L S M E I O A
I F S E A H O R S E T P T U B A R I N F I S L E C R A B A T T
E M N E D S E A U L E L P N Z C A O A X E M N E D P A P U L E
```

FARM ANIMALS

ANIMAIS DA FAZENDA

BULL
TOURO

COW
VACA

ROOSTER
GALO

CHICK
PINTINHO

HEN
GALINHA

HORSE
CAVALO

AJUDE O CAVALO A ATRAVESSAR O LABIRINTO.

DONKEY
BURRO

SHEEP
OVELHA

GOAT
BODE

PIG
PORCO

DUCK
PATO

SPORTS AND ACTIVITIES

ESPORTES E ATIVIDADES

CIRCULE QUAL A ATIVIDADE QUE VOCÊ MAIS GOSTA DE PRATICAR.

RUN

CORRER

SOCCER

FUTEBOL

RIDE A BIKE

ANDAR DE BICICLETA

SKATE

PATINAR

BASKETBALL

BASQUETE

JUMP ROPE

PULAR CORDA

WEIGHT TRAINING

MUSCULAÇÃO

FEELINGS

SENTIMENTOS

USANDO COMO EXEMPLO AS EXPRESSÕES ABAIXO,
DESENHE COMO VOCÊ ESTÁ SE SENTIDO HOJE NO QUADRO DO MEIO.

BEDROOM

QUARTO

PREENCHA OS ESPAÇOS COM O NOME DOS OBJETOS.

CHEST OF DRAWERS CÔMODA	BED CAMA
BLANKET COBERTOR	PILLOW TRAVESSEIRO
PILLOWCASE FRONHA	BED SHEET LENÇOL
WARDROBE ARMÁRIO	MATTRESS COLCHÃO
BOOK LIVRO	TEDDY BEAR URSO DE PELÚCIA
ALARM CLOCK DESPERTADOR	PICTURE FRAME PORTA-RETRATO

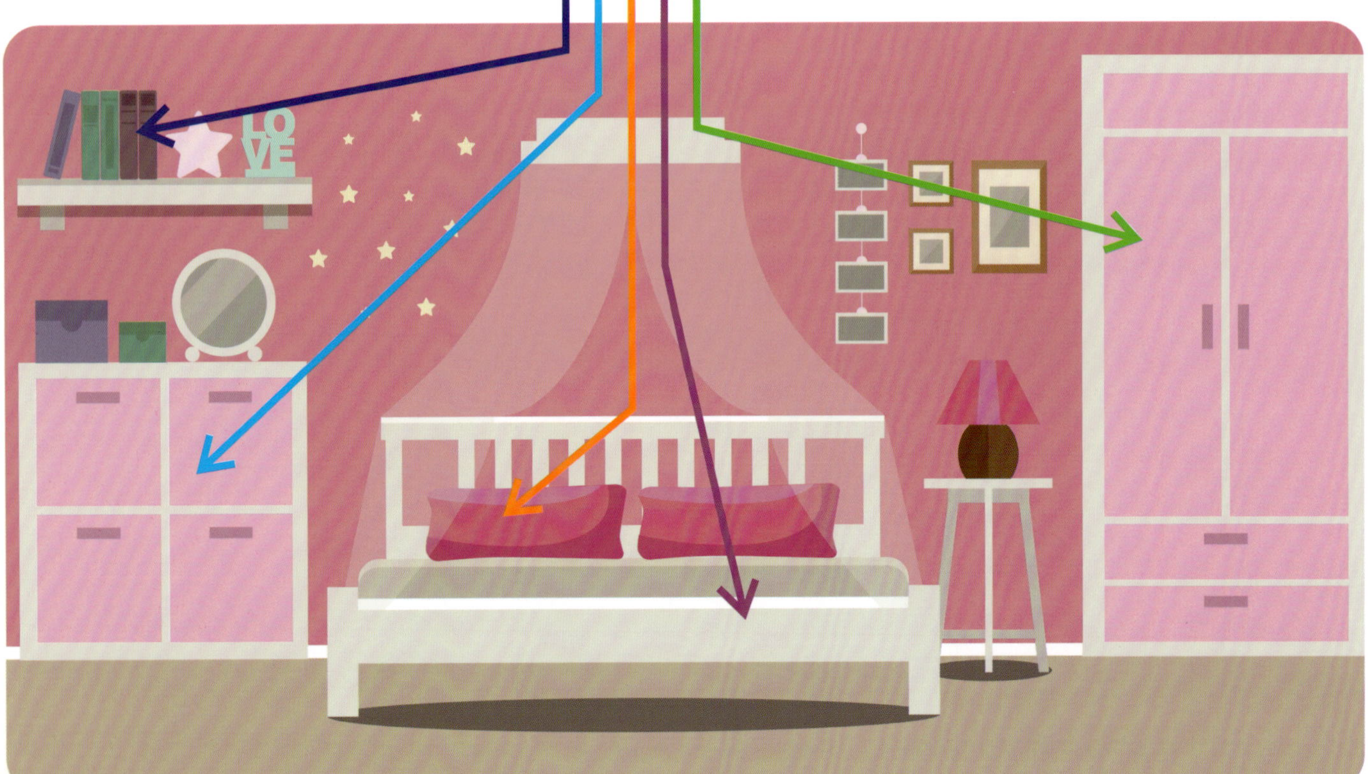

BATHROOM

BANHEIRO

SINK PIA	**BATHROOM CLOSET** ARMÁRIO DO BANHEIRO	**BATHTUB** BANHEIRA
SOAP SABONETE	**TOOTHPASTE** PASTA DE DENTE	**SHAMPOO** XAMPU
TOILET PAPER PAPEL HIGIÊNICO	**DENTAL FLOSS** FIO DENTAL	**SHOWER** CHUVEIRO
TOILET VASO SANITÁRIO	**TOOTHBRUSH** ESCOVA DE DENTE	**TOWEL** TOALHA
MIRROR ESPELHO	**RAZOR** LÂMINA DE BARBEAR	**SHOWER CAP** TOUCA DE BANHO
HAIRDRYER SECADOR DE CABELO	**COMB** PENTE	**HAIRBRUSH** ESCOVA DE CABELO

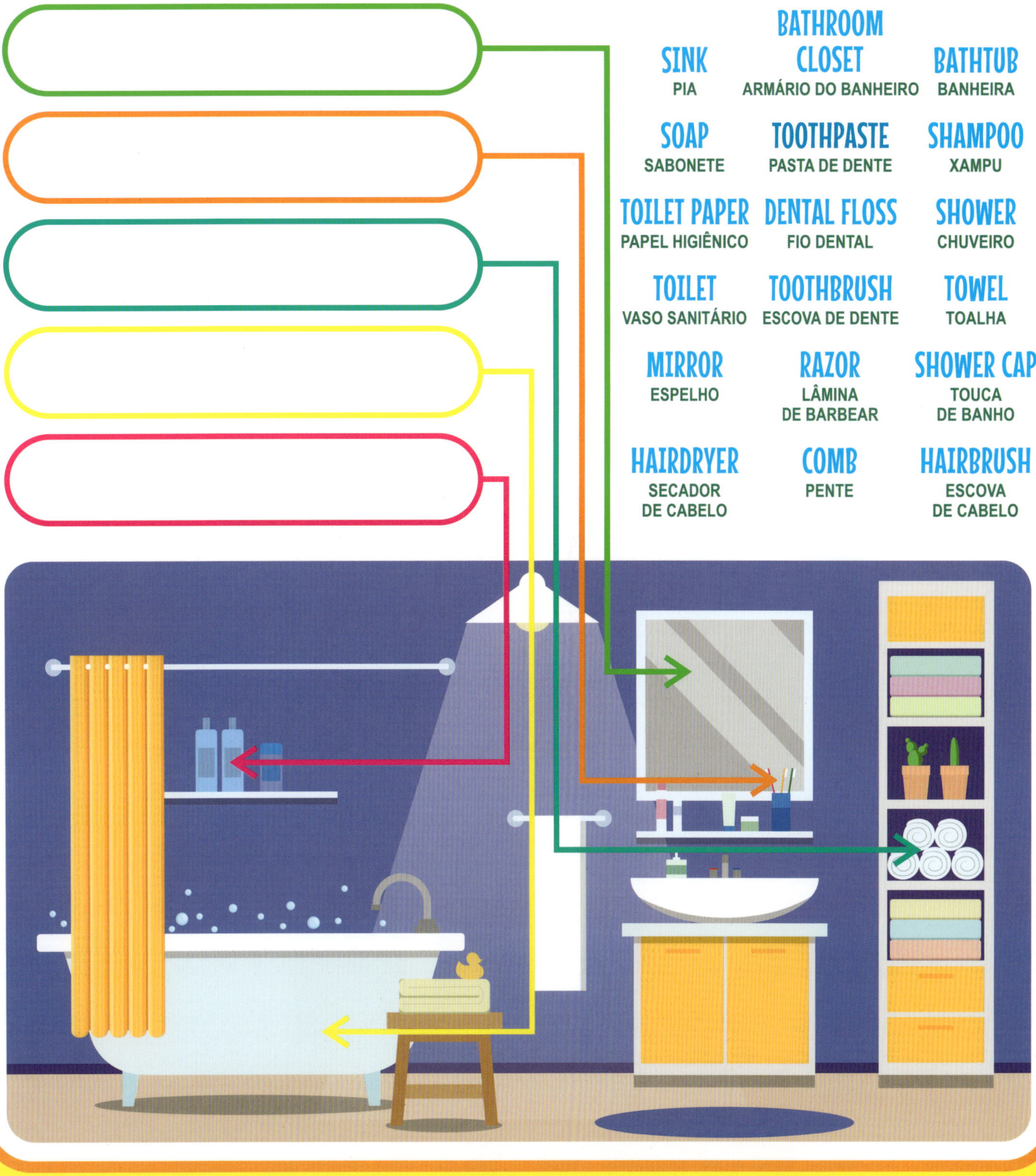

KITCHEN

COZINHA

PREENCHA OS ESPAÇOS COM O NOME DOS OBJETOS.

REFRIGERATOR GELADEIRA	SINK PIA	CHAIR CADEIRA
FRUIT BOWL FRUTEIRA	SHELF PRATELEIRA	TABLE MESA
MICROWAVE MICROONDAS	CABINET ARMÁRIO	CLOCK RELÓGIO
STOVE FOGÃO	PAN FRIGIDEIRA	POT PANELA
MIXER BATEDEIRA	JUG JARRA	PLATE PRATO
BOWL TIGELA	TEAPOT BULE	GRATER RALADOR
GLASS COPO	MUG CANECA	CUP XÍCARA
SPOON COLHER	KNIFE FACA	FORK GARFO